Español
Esencial
Noriko Kashiwagi
María Nieves Rodríguez Benito

SANSHUSHA

音声ダウンロード＆ストリーミングサービス（無料）のご案内

https://www.sanshusha.co.jp/text/onsei/isbn/9784384420227/

本書の音声データは、上記アドレスよりダウンロードおよびストリーミング再生ができます。ぜひご利用ください。

はじめに

スペイン語を学び始めようとするときにまず望むのは、「話せるようになりたい」ということではないでしょうか。そのご要望に応えるべくユーザーフレンドリーを念頭に、日常でも、海外に渡航するときでも、気軽に持ち歩けるように「コンパクトに」を心掛け執筆いたしました。

またスペインのスペイン語を基盤としていますが、異なる各地域のスペイン語も尊重しております。

各 Lección につき2回の授業が一つの目安ですので、初級スペイン語全 14 課を 28 レッスンで修了します。スペイン語を第2外国語として選択し、週1回の授業でも使用しやすくなっています。先生方にはご自身の持ち味を生かしていただけるようフレキシブルなテキストとし、学習者には予習・復習しやすい進行内容にしました。

皆様のスペイン語との「最初のよき出会いの本」となることを願ってやみません。

著者

Presentación

Con mucha seguridad podemos afirmar que lo primero que se desea al estudiar una nueva lengua es aprender a hablarla. Con este deseo en mente hemos diseñado este libro. Queremos que sea fácil de usar y lo suficientemente compacto como para poder transportarlo con facilidad, tanto en la vida diaria como en algún viaje al extranjero.

Para la creación de este libro nos hemos basado en el español de España pero queremos expresar aquí nuestro respeto por todas las variedades del español.

Cada Lección del libro corresponde a dos sesiones de clase. De este modo, podrá completarse un curso de español elemental en 28 sesiones (14 lecciones en total). Por este motivo, consideramos que es un libro ideal también para cursos de español de una sesión por semana. Hemos querido hacer un libro flexible para que cada docente pueda sacarle el máximo partido y adaptarlo a las necesidades de su entorno. También es adecuado para la preparación y el repaso para estudiantes.

Deseamos que este libro sea “ese primer e inolvidable encuentro” en el camino del aprendizaje del español.

Las autoras

目次

índice

Introducción

Alfabeto

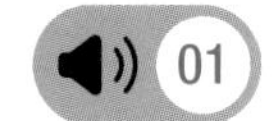

A	[a]
B	[be]
C	[ce]
D	[de]
E	[e]
F	[efe]
G	[ge]
H	[hache]
I	[i]
J	[jota]
K	[ka]
L	[ele]
M	[eme]
N	[ene]
Ñ	[eñe]
O	[o]
P	[pe]
Q	[cu]
R	[ere, erre]
S	[ese]
T	[te]
U	[u]
V	[uve]
W	[uve doble]
X	[equis]
Y	[ye (i griega)]
Z	[zeta]

1. 母音

a　e　i　o　u

2. 子音

02

b, v	ba be bi bo bu　va ve vi vo vu
c	ca ce ci co cu　＊ceとciではth、西米ではsの音になる。 centro cero cebra cine bicicleta
ch	cha che chi cho chu noche China muchacho chupar
d	da de di do du dato democracia difícil dónde dulce
g	ga ge gi go gu　＊geとgiではhの音になる。 generación gigante
h	ha he hi ho hu　＊hは無音。 habitación helado hielo hotel humo
j	ja je ji jo ju　＊hの音。 jamón jengibre jirafa joven jugo
k	ka ke ki ko ku　＊外来語に多い。 karaoke Kenia kilo koala Kuwait
ll	lla lle lli llo llu paella calle gallina gallo lluvia
ñ	ña ñe ñi ño ñu　＊nyの音。 España muñeca teñir niño pañuelo
q	que qui　＊この2つの綴りのみ。 tanque Quito
r	ra re ri ro ru　＊語頭にくるとrrの音になる。 verano tarea París caro virus bar parque raza reír ritmo Roma ruta ※rr　rra rre rri rro rru guitarra correr barrio churros arruinar
x	xa xe xi xo xu　＊語中ではsの音になることもある。 examen taxi mixto sexto
y	ya ye yi yo yu　＊yもしくはjの音になる。 yate yema bluyín mayonesa ayuda
z	za ze zi zo zu　＊thの音。西米はsの音になる。 taza zen zigzag zoo zumo paz

3. 特に注意すべきスペルと発音

ca	**que**	**qui**	co	cu
ga	**gue**	**gui**	go	gu
ja	**je,ge**	**ji,gi**	**jo**	**ju**
za(sa)	**ze**,**ce**(se)	**zi**,**ci**(si)	**zo**(so)	**zu**(su) ＊西米ではsの音になる。

4. アクセントの位置

① 母音もしくは-s, -nで終わる語は後ろから２番目の音節

banana biblioteca camarero lunes volumen

② -n,-s以外の子音で終わる音は最後の音節

universidad hospital parador arroz

③ アクセント符号がついている場合はその音節

café gramática página melón México América

アクセント符号は同じ綴りで異なる意味を区別するためにも使われる。

más もっと mas しかし ／ té 茶 te 君を、君に

④ 二重母音（ia, io, ua, uoなど）は一つの母音とみなされる

Cecilia europeo Guatemala cuenta precio

¡Un poco más! ［主な国名・国籍・言語 países / nacionalidades / idiomas］

国名	人	形容詞	言語
España	español	española	español
Francia	francés	francesa	francés
Alemania	alemán	alemana	alemán
Japón	japonés	japonesa	japonés
Inglaterra	inglés	inglesa	inglés
Canadá		canadiense	
EE.UU. (Estados Unidos)		estadounidense	
China	chino	china	chino
Corea	coreano	coreana	coreano

Ejercicios

A. 各国のテレビ局です。スペイン語で発話してみましょう。

1. NHK
2. BBC
3. CNN
4. TVE

B. 次の語を発話しましょう。

1. estación	2. ángel	3. calle	4. paquete	5. recepción
6. gol	7. gente	8. química	9. trabajo	10. hamburguesa
11. rey	12. ley	13. película	14. guitarra	15. parasol
16. nacional	17. zona	18. energía	19. Madrid	20. Barcelona

C. 次の語を発話し、音節の数を書きましょう。

1. chocolate
2. septiembre
3. dragón
4. universidad
5. audio

Lección 1

¿Cómo te llamas? – Me llamo...

Diálogos

(En clase)

Martín: ¡Hola! Buenos días.

Julia: ¡Hola! Buenos días.

Martín: ¿Cómo te llamas?

Julia: Me llamo Julia.

Martín: ¿Cómo se escribe?

Julia: Se escribe J - U - L - I - A, ¿y tú? ¿Cómo te llamas?

Martín: Me llamo Martín. Se escribe M - A - R - T - I - N.

Julia: Encantada. Adiós.

Martín: Encantado. Hasta luego.

(En un hotel)

Recepcionista: Buenas tardes. ¿Cómo está Ud.?

Clienta: Muy bien. Gracias.

Recepcionista: ¿Cuál es su nombre?

Clienta: Ana Pérez. Se escribe A - N - A P - E - R - E - Z.

Recepcionista: De acuerdo. Gracias.

Clienta: De nada. A usted.

Expresiones clave

¿Cómo se escribe? ¿Cómo está Ud.? – Muy bien, gracias.

De acuerdo. A usted.

Gramática

1. 基本的な疑問詞

08

Qué 何　Quién (Quiénes) だれ　Dónde どこ　Cuándo いつ
Cuál (Cuáles) どれ　Cómo どのように（英：how）
Cuánto (Cuánta) どのくらい（英：how much）　Cuántos (Cuántas) いくつ（英：how many）
Por qué (－Porque) なぜ（－なぜなら）

2. 人称代名詞

yo	私	nosotros / nosotras	私たち
tú	君	vosotros / vosotras	君たち
Ud. (＝Usted)	あなた	Uds. (＝Ustedes)	あなた方
él ella	彼 彼女	ellos ellas	彼ら 彼女たち

*西米ではvosotros/vosotrasの代わりにUds.を使う。

3. 定冠詞（英：the）

性別および単数複数がある。

	単数	複数
男性形	el libro	los libros
女性形	la casa	las casas

4. 名詞の性

名詞には基本的に男性名詞と女性名詞に分かれる。

（1）自然の性別を持つ名詞はその性に一致する

男性名詞（m=masculino）　padre　hermano　amigo　gato
女性名詞（f=femenino）　madre　hermana　amiga　gata

（2）基本的に語尾が-oは男性名詞、-aは女性名詞

el cuaderno　el año　el pueblo　el argentino
la goma　la semana　la mesa　la japonesa

（3）-dad, -tad, -ción, -sión, tión, -xiónはすべて女性名詞

la universidad　la libertad　la nación
la expresión　la cuestión　la conexión
ただし、-iónは一定でない。　el avión　la opinión

Cuidado !

el día　el mapa　el problema　el drama　la mano
el detalle　la calle
la foto (=fotografía)　la moto (=motocicleta)
el coche　la noche

(4) 男女同形

el estudiante, la estudiante　el pianista, la pianista

(5) 名詞の性が変わると意味が変わるものがある

el capital 投資　el orden 順序　el Papa 教皇
la capital 首都　la orden 命令　la papa じゃがいも

(6) 外来語は男性名詞となる場合が多い

el manga　el sushi　el karaoke　el whisky　el mitin　el e-mail

5. 名詞の複数形

語尾が「母音→s」、「子音→es」、「z→ces」にそれぞれ変わる。

coche → coches　ciudad → ciudades
papel → papeles　vez → veces

¡Un poco más! [数詞 números 0～15]

0 cero　1 uno　2 dos　3 tres　4 cuatro　5 cinco　6 seis　7 siete
8 ocho　9 nueve　10 diez　11 once　12 doce　13 trece　14 catorce　15 quince

¡Un poco más! [色 colores]

negro(a) 黒　blanco(a) 白　rojo(a) 赤　azul 青　amarillo(a) 黄色　verde 緑
marrón/café　茶　gris グレー　morado(a) 紫
rosa,rosado(a) ピンク　naranja オレンジ色

Ejercicios

A. 以下の単語を男性名詞、女性名詞、男女同形に分類しましょう。

[ciudad　hombre　coche　canción　cantante　madre　futbolista]

男性名詞（　　　　　　　　　　　　　　）

女性名詞（　　　　　　　　　　　　　　）

男女同形（　　　　　　　　　　　　　　）

B. 次の名詞に定冠詞をつけましょう。さらに、複数形にしましょう。

1. universidad
2. profesor
3. habitación
4. animal
5. mano
6. mapa
7. autobús
8. examen

C. 一語の人称代名詞に変えましましょう。（1と2は解答が複数あります）

（例）Elena y Marco → ellos

1. tú y Alejandra → ______________________
2. usted y yo → ______________________
3. el profesor y la profesora → ______________________
4. tres niñas y un niño → ______________________
5. los seis médicos → ______________________
6. las siete españolas → ______________________

Lección 2

Un café con leche, por favor.

Diálogos

(En un bar)

Clienta 1: Un café con leche, por favor.

Camarero: ¿Con leche caliente o leche fría?

Clienta 1: Con leche fría.

Clienta 2: Yo, una cerveza.

Camarero: Enseguida.

…

Camarero: Aquí tienen.

Clienta 1 y 2: Gracias.

…

Clienta 1: Perdone, la cuenta, por favor.

Camarero: Sí, aquí tienen.

Clienta 2: ¡Qué caro!

Camarero: Disculpen, hay un error.

(En clase)

Aroa: ¿Cuándo es tu cumpleaños?

Rafael: El 16 de octubre.

Aroa: ¿¡Eh!? ¡Es hoy!

Rafael: ¡Sí!

Aroa: ¡Qué coincidencia! ¡Feliz cumpleaños!

Rafael: ¡Gracias!

Expresiones clave

por favor　Enseguida.　Perdone.　Aquí tienen.

Disculpen.　¡Qué coincidencia!　¡Feliz cumpleaños!

Gramática

1. 不定冠詞

	単数(英：a, an)	複数(英：some)
男性形	un	unos
女性形	una	unas

2. 形容詞

英語と異なり、単数複数ともに名詞の後に置かれ、男性形、女性形に変化するのが一般的。

un coche blanco 一台の白い車　　unos coches blancos 数台の白い車
una casa blanca 一軒の白い家　　unas casas blancas 数軒の白い家

男女同形の形容詞は単数複数の変化のみ。

el coche verde　　los coches verdes
la casa azul　　las casas azules

Cuidado

mucho, poco, bueno, maloなどの形容詞は通常は名詞の前に置かれる。
ただし、bueno, maloは男性単数名詞の前ではbuen, malとなる。

Muchas gracias.　Buenos días.　Buena suerte.　Buen viaje.
buen chico(= chico bueno)　mal trabajo(= trabajo malo)

形容詞の位置が名詞の前と後とで意味が異なる場合がある。

un niño pobre 貧しい子供　　un pobre niño 可哀想な子供

3. 接続詞yとo (eとu)

(1) y(英：and)

perro y gato
次にくる語の語頭がi, hiの場合eとなる。

Alemania e Italia　　madre e hijo

(2) o (英：or)

abuelo o abuela

次にくる語の語頭がo, hoの場合uとなる。

siete u ocho　　dinero u honor

4. 感嘆文①

「¡Qué + 形容詞、名詞もしくは副詞！」で「なんて〜なんだ！」と驚きの表現となる。

¡Qué simpáticas!　　¡Qué amable!
¡Qué alegría!　　¡Qué maravilla!
¡Qué mala noticia!　　¡Qué bien!

¡Un poco más!

[曜日名 los días de la semana]

(el) lunes　martes　miércoles　jueves　viernes
sábado　domingo

[月名 los meses del año]

(el) enero　febrero　marzo　abril　mayo　junio
julio　agosto　septiembre　octubre　noviembre　diciembre

[季節 las estaciones del año]

la primavera　el verano　el otoño　el invierno

¡Un poco más! [数詞 números 16~30]

16 dieciséis　17 diecisiete　18 dieciocho　19 diecinueve　20 veinte
21 veintiuno(una)　22 veintidós　23 veintitrés　24 veinticuatro　25 veinticinco
26 veintiséis　27 veintisiete　28 veintiocho　29 veintinueve　30 treinta

Ejercicios

A. 次の名詞に不定冠詞をつけましょう。さらに、複数形にしましょう。

(5.は答えが2つあります)

1. casa → ______
2. hotel → ______
3. ciudad → ______
4. japonés → ______
5. joven → ______

B. 名詞に合わせて形容詞の性数を適切な形にしましょう。

1. los zapatos verde → ______
2. la música clásico → ______
3. las preguntas difícil → ______
4. las casas sucio → ______
5. la canción peruano → ______

C. 全体を複数形にしましょう。

1. un reloj caro → ______
2. un apartamento pequeño → ______
3. un estudiante español → ______
4. una flor bonita → ______
5. una chica inteligente → ______

D. 形容詞の位置が変わると意味が異なる場合があります。和訳しましょう。

1. nuevo (la casa nueva / la nueva casa)

2. grande (una mujer grande / una gran mujer)

3. viejo (un amigo viejo / un viejo amigo)

Lección 3

¿De dónde eres? – Soy de España.

Diálogos

(En clase)

Akira: Hola, ¿de dónde eres?

Luna: Soy de Barcelona, España. ¿Y tú?

Akira: Soy de Tokio.

Luna: ¿Dónde está Tokio?

Akira: Está en Japón. Es la capital.

Luna: Por cierto, ¿en Tokio hay papeleras?

Akira: Sí, pero hay muy pocas.

Luna: ¡Qué interesante!

(En la universidad) 13

Profesor: Carmen, ¿cuántos libros hay en tu casa?

Carmen: No lo sé, ¡muchos! ¿Y en su casa?

Profesor: En mi casa creo que unos cien libros.

Carmen: ¡Son bastantes también!

Expresiones clave

Por cierto. **No lo sé.** **creo que ~**

bastante / bastantes

Gramática

1. 動詞serとestar

14

いずれも英語のbe動詞にあたるが、性質・用法が異なる。

	ser （主に恒常性を表す）	estar （主に状態，位置を表す）
yo	soy	estoy
tú	eres	estás
él,ella,Ud.	es	está
nosotros(as)	somos	estamos
vosotros(as)	sois	estáis
ellos,ellas,Uds.	son	están

Yo soy nervioso. 私は神経質な性格だ。

Yo estoy nervioso ahora. 私は今ドキドキしている。

Madrid es la capital de España. マドリードはスペインの首都だ。

Madrid está en el centro de España. マドリードはスペインの中央に位置している。

（1） serの用法

15

① **ser + 名詞**で「～は…である」と身分などを表す

Soy estudiante. / Somos japoneses.

② **ser +形容詞**で恒常性を表し、形容詞は主語の性数に一致

Juan es inteligente. / Elena y Carmen son lindas.

③ **ser de+ 名詞**で出身、所属、材質を表す

¿De dónde eres? — Soy de Japón.
El jugador es de la Real Sociedad.
La mesa es de madera.
La tortilla española es de huevo pero la tortilla mexicana es de maíz.

（2） estarの用法

16

① **状態**

La sopa está fría ya. / El baño está ocupado.

② 位置・場所

La biblioteca está enfrente de la escuela.
Los niños están en el parque.

ⓘ Cuidado ⚠ **違いを整理してみましょう。**

¿Cómo está Elena?　　¿Cómo es Elena?　　¿Qué es Elena?

2. hayの用法

不特定の人やモノの存在を表し、常に３人称単数で使われる特殊な表現。不定形（原形）はhaber。

No hay problema.
Hay un hotel delante de la estación. (参考 El Hotel Central está en la plaza.)

3. 所有形容詞 (前置形)

mi (mis) 私の	nuestro (-a, os, -as) 私たちの
tu (tus) 君の	vuestro (-a, -os, -as) 君たちの
su (sus) 彼の、彼女の、あなたの	su (sus) 彼らの、彼女らの、あなたがたの

mi、tu、suは名詞の性変化はないが、名詞の前に置くnuestroおよびvuestroは修飾する名詞の性数に一致する。

mi amigo	nuestro amigo	mis amigos	nuestros amigos
mi amiga	nuestra amiga	mis amigas	nuestras amigas
tu amigo	vuestro amigo	tus amigos	vuestros amigos
tu amiga	vuestra amiga	tus amigas	vuestras amigas

ⓘ Cuidado ⚠ **mucho(mucha)は形容詞、muyは副詞**

Muchos estudiantes están muy interesados.
多くの学生が大変関心を持っている。

¡Un poco más! **[数詞 números 31 ～ 100]**

31 **treinta y uno**　32 **treinta y dos**　33 **treinta y tres**　34 **treinta y cuatro**
35 **treinta y cinco**　36 **treinta y seis**　37 **treinta y siete**　38 **treinta y ocho**
39 **treinta y nueve**　40 **cuarenta**　50 **cincuenta**　60 **sesenta**　70 **setenta**
80 **ochenta**　90 **noventa**　100 **cien**

Ejercicios

A. serを適切な形に活用し、和訳しましょう。

1. Nosotros (　　　　　　) estudiantes de español.
2. El pianista (　　　　　　) de Polonia.
3. Mis amigas (　　　　　　) alegres e inteligentes.
4. Yo no (　　　　　　) el profesor. (　　　　　　) él.
5. ¿Vosotros (　　　　　　) de Canadá?

B. estar を適切な形に活用し、和訳しましょう。

1. El banco (　　　　　　) cerca de la estación.
2. Mis padres (　　　　　　) en el cine ahora.
3. La sopa ya no (　　　　　　) caliente.
4. Yo (　　　　　　) muy bien, gracias.
5. Nosotros (　　　　　　) muy cansados hoy.

C. ser, estar, hayを適切な形に活用し、和訳しましょう。

1. ¿Dónde (　　　　　　) el museo del Prado? — (　　　　　　) en el centro de Madrid.
2. ¿De dónde (　　　　　　) tus padres? — Mi padre (　　　　　　) de Tokio y mi madre (　　　　　　) de Kobe.
3. Mañana no (　　　　　　) clase porque (　　　　　　) día festivo.
4. Cancún (　　　　　　) en México y (　　　　　　) una ciudad famosa.
5. (　　　　　　) tres perros en el parque.
6. La famosa estatua del perro Hachiko (　　　　　　) en Shibuya.

D. 適切な所有形容詞を入れましょう。

1. ¿Dónde está (　　　　　　/君たちの) madre?
2. (　　　　　　/彼の) coche está bastante sucio.
3. (　　　　　　/彼女の) hijos son pequeños todavía.
4. ¿Cómo son (　　　　　　/君の) abuelos? — (　　　　　　/私の) abuelos son muy cariñosos.

Lección 4

¿Qué hora es? / ¿A qué hora...?

Diálogos

(En la ventanilla de una estación de tren)

Viajera : ¿A qué hora sale el tren de Barcelona a Madrid?

Taquillero: A las 12:30.

Viajera: ¡Qué tarde! ¿No hay otro tren antes?

Taquillero: No, solo hay ese.

Viajera: Ya veo. Entonces, un billete de ida y vuelta, por favor.

Taquillero: Muy bien. ¿Algo más?

Viajera: No, gracias.

(En el andén)

Viajera: Perdone, ¿este es el tren que va a Madrid?

Jefe de estación: No, es aquel, el del andén 7.
¡Rápido, está a punto de salir!

Viajera: ¿De verdad? ¿Qué hora es?

Jefe de estación: Son las 11:20.

Viajera: ¡Aaaay! ¡Tengo que darme prisa! ¡Gracias y hasta otra!

Jefe de estación: Adiós y...¡suerte!

Expresiones clave

Ya veo. **Entonces** **¿Algo más?** **estar a punto de**
¿De verdad? **Tengo que darme prisa.** **Hasta otra.**

Gramática

1. 時刻のたずね方・表し方

21

¿Qué hora es? 今何時ですか？

ー **Es la** una. / **Son las** dos. ＊時間（la hora）は女性名詞

1時です。/　2時です。

Son las siete y media.

Son las cuatro y cuarto.

Son las ocho menos cinco.

・「何時に～するのか」をたずねるとき

¿A qué hora es la fiesta? ー A la una. (A las dos.)

パーティーは何時ですか? ー 1時です（2時です）。

2. 指示形容詞・指示代名詞

22

	この	これらの	その	それらの	あの	あれらの
男性	este	estos	ese	esos	aquel	aquellos
女性	esta	estas	esa	esas	aquella	aquellas
中性	esto		eso		aquello	

中性形は性数不明の具体的でない名詞、または事案・事象など触れないものを指す。

¿Qué es esto?　　¡Eso es!　　Aquello es un chisme.

3. 否定文

（1）作り方

動詞の前にnoをおく。

Ellos **no** son estudiantes de secundaria. Son de primaria todavía.

（2）強調の否定文 ni ～ ni ～

Ese reloj no es **ni** bueno **ni** barato.

No hay **ni** cines **ni** museos en mi pueblo.

4. 前置詞（基本）のまとめ

a 〜へ、〜に（英：to）　〜のために（英：so as to, in order to）
en 〜の上に、〜の中に（英：in, on）
de 〜の、〜から（英：of, from）
para 〜のために（英：for）
por 〜のために、〜あたりに、〜による（英：for, around, by）
con 〜と一緒に（英：with）⇔ **sin** 〜なしで（英：without）

ⓘ Cuidado ⚠ **alとdel**

前置詞aとdeは定冠詞elが続くと縮約する。

a+el =al　**al** fondo　（女性形は縮約しない）**a la** carta
de+el=del　**del** pueblo　（女性形は縮約しない）**de la** ciudad

¡Un poco más! ［副詞 -mente（英：-ly）］

形容詞の最後の母音を女性形にして-menteを足す。

directo(a) → directamente　correcto(a) → correctamente　exacto(a) → exactamente

男女同形の形容詞の場合は語尾に-menteを足す。

normalmente　naturalmente　posiblemente　amablemente

¡Un poco más! ［時・時間帯を表す表現① marcadores de tiempo］

hoy	ayer	anteayer	anoche
mañana	pasado mañana		
esta mañana	esta tarde	esta noche	
esta semana	este mes	este año	
la semana que viene la próxima semana	el mes que viene el próximo mes		el año que viene el próximo año
la semana pasada	el mes pasado		el año pasado
por la mañana	por la tarde	por la noche	
de la mañana	de la tarde	de la noche	

参考 mañana por la mañana

Ejercicios

A. 適切な指示詞を入れましょう。

1. (　　　　　　/これらの) zapatos son de Pepe.
2. ¿Es barato (　　　　　　/その) restaurante? — Sí, es muy económico.
3. ¿Quién es (　　　　　　/あの) chico? — Es el sobrino del profesor.
4. ¿Qué es (　　　　　　/あれ)?　¿Es un OVNI?
   — No, es simplemente un avión.
5. (　　　　　　/あれら) señores son músicos.
6. (　　　　　　/それら) niñas son de Argentina.
7. ¿Carmen y José son novios ? No, (　　　　　　/それ) es un rumor.
8. (　　　　　　/この) reloj es barato pero (　　　　　　/その) es caro.

B. 適切な前置詞（句）を下から選んで入れましょう。複数回使われるものもあります。

1. ¿(　　　　) dónde es usted? — Soy (　　　　) Costa Rica.
2. Estos regalos son (　　　　) el día de los Reyes Magos.
3. Granada está (　　　　) el sur de España.
4. Cuba está (　　　　) este de México.
5. Creo que el baño está (　　　　) aquí.
6. (　　　　) lunes (　　　　) viernes hay clases en la universidad.
7. (　　　　) esta razón es necesario estudiar con anticipación.
8. La reunión es (　　　　) la mañana.

[De, de, Por, por, para, en, al, a]

Lección 5

¿Dónde vives?

Diálogos

(En la universidad)

Daniela: Hola, ¿hablas español?

Sergio: Sí, también hablo japonés e inglés. ¿Qué necesitas?

Daniela: Necesito comprar agua. Hace mucho calor.

Sergio: En la cafetería normalmente venden agua.
Está en la primera planta del edificio 3.

Daniela: Vale, ¡gracias!

Sergio: A propósito, ¿comemos juntos?

Daniela: Lo siento. Acabo de comer.

Sergio: ¡Oh! ¡Qué pena!

(En clase) 25

Carlos: Hola, ¿dónde vives?

Olivia: Vivo en... lo siento, es información privada.

Carlos: Sí, ¿pero no somos amigos?

Olivia: No, solo somos compañeros de clase.

Carlos: Ah...

Expresiones clave

la primera planta	**A propósito**
Lo siento.	**¡Qué pena!**

Gramática

1. 規則動詞

26

原形の末尾（-ar, -er, -ir）によって大きく3つのグループに分かれる。

	hablar（話す）	comer（食べる）	vivir（住む、生きる）
yo	hablo	como	vivo
tú	hablas	comes	vives
él,ella,Ud.	habla	come	vive
nosotros(as)	hablamos	comemos	vivimos
vosotros(as)	habláis	coméis	vivís
ellos,ellas,Uds.	hablan	comen	viven

*主語は省略されることが多い。

AR動詞

ayudar 助ける　bailar 踊る　cantar 歌う　tomar 取る（英：to take）

trabajar 働く　viajar 旅行する　estudiar 勉強する　terminar 終わる

Canto a menudo en el karaoke.

Mi marido trabaja en casa todos los días.

Visitamos Colombia cada año.

ER動詞

beber 飲む　creer 信じる　leer 読む　deber ～しなければならない

Mi padre bebe mucho vino tinto.

Deben estudiar mucho para pasar el examen.

IR動詞

abrir 開ける　escribir 書く　recibir 受け取る　subir 上がる、乗る

El banco abre a las diez de la mañana.

Escribimos y recibimos muchos mensajes en el ordenador.

2. acabar de＋動詞の原形 (～したところだ)

Acabo de leer esa novela.
Acabamos de terminar la tarea de hoy.

3. 頻度 (frecuencia)

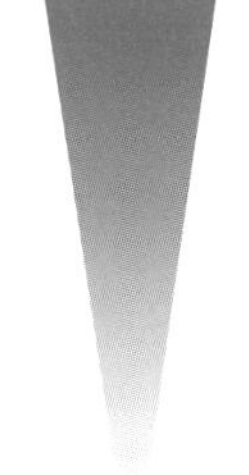

siempre	いつも、常に（英：always）
casi siempre	ほぼいつも
a menudo	しょっちゅう
con frecuencia	たびたび
normalmente	通常は
a veces	時々＝de vez en cuando
casi nunca	ほとんど～しない
nunca/jamás	決して（～しない）（英：never）

＊jamásは未来に関して使われることが多い。

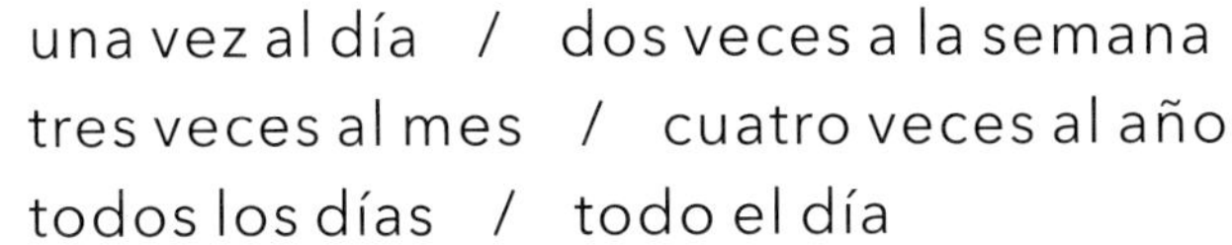

una vez al día / dos veces a la semana
tres veces al mes / cuatro veces al año
todos los días / todo el día
cada día

4. 天候 (el clima)

¿Qué tiempo hace hoy?

Hace calor (frío). Hace buen (mal) tiempo.
Hace viento. Hace sol.
Está despejado. Está nublado.
Llovizna. Llueve. Nieva.

Ejercicios

A. 動詞を主語に合わせて活用し文を完成させましょう。和訳もしましょう。

1. Ella (　　　　　　/tomar) un taxi porque no hay tiempo.
2. Jorge y su novia (　　　　　　/bailar) muy bien en las fiestas.
3. ¿Tú y tu amigo (　　　　　　/subir) al autobús de vez en cuando?
4. ¿Vosotros (　　　　　　/beber) tequila en el bar?
5. Mi amigo (　　　　　　/vivir) solo, cerca de la estación.

B. 動詞を正しく活用し、右から質問の答えを選び、線でつなぎましょう。

1. ¿A qué hora (　　　　/desayunar) vosotros?	a. Cómics japoneses.
2. ¿Dónde (　　　　/trabajar) tu hermano?	b. Los dos.
3. ¿Cuál (　　　　/comer) Ud., sushi o tempura?	c. A las siete y media.
4. ¿Qué (　　　　/leer) tú?	d. En la oficina de correos.
5. ¿Quién (　　　　/ayudar) mucho a tu madre?	e. Para organizar la ropa.
6. ¿Cómo (　　　　/usar) yo esta caja?	f. Mi padre.

C. 以下の文章はEnrique の日常を述べたものです。まず音読して理解してください。
前ページの頻度の表を参考にし、あなたもしくは知り合いの日常について作文してみましょう。

De lunes a viernes estudio en la universidad. Siempre tomo el autobús y el metro para llegar allí. Casi siempre como con mis compañeros de clase en el comedor del campus. Regreso a casa a eso de las seis de la tarde. Ceno con mi familia a las siete. Normalmente escribo a mis profesores y a mis amigos con el móvil, pero, por la noche uso el ordenador. Después de terminar los deberes, a menudo, leo cómics. Casi nunca leo el periódico. Pero debo leerlo a veces.

Cuatro veces a la semana trabajo en un minisúper inclusive los fines de semana. ¡Qué cansancio! Pero los colegas son simpáticos y amables.

Mi amigo Eduardo acaba de sacar el permiso de conducir. Así que visitamos muchos lugares en su coche y viajamos lejos con frecuencia en vacaciones.

Lección 6

¿Cuál prefieres?

Diálogos

(En la farmacia)

Dependiente: Buenas tardes. ¿Qué desea?

Cliente: Quiero medicina para el dolor de cabeza.

Dependiente: Tengo dos marcas. ¿Cuál prefiere?

Cliente: Prefiero esta.

Dependiente: De acuerdo. ¿Algo más?

Cliente: No, nada más. ¿Cuánto es?

Dependiente: Son 5€.

Cliente: ¡No encuentro mi monedero!
¿Puedo pagar con tarjeta?

Dependiente: Sí, no hay problema.

Cliente: Gracias. Aquí tiene.

(En clase)

28

Makoto: Lucía, ¿qué prefieres, el verano o el invierno?

Lucía: El verano.

Makoto: ¿En serio? ¿Por qué?

Lucía: Porque hace calor, no llueve, hace buen tiempo
y voy con mis amigos a la playa. ¿Y tú, qué prefieres?

Makoto: Yo prefiero el otoño. Porque no hace ni frío ni calor.

Expresiones clave

nada más ¿Cuánto es? ¿En serio?

Gramática

1. 不規則動詞

（1）一人称単数（yo）のみ不規則な動詞

29

dar（あげる）	doy	das	da	damos	dais	dan
saber（知る）	sé	sabes	sabe	sabemos	sabéis	saben
conocer（知る）	conozco	conoces	conoce	conocemos	conocéis	conocen
hacer（する・作る）	hago	haces	hace	hacemos	hacéis	hacen
poner（置く）	pongo	pones	pone	ponemos	ponéis	ponen
traer（持ってくる）	traigo	traes	trae	traemos	traéis	traen
salir（去る・出かける）	salgo	sales	sale	salimos	salís	salen

Doy un juguete a mi sobrina. / Hago un pastel.
Ponemos el árbol de Navidad. / Papá Noel trae regalos a los niños buenos. / Salgo de casa a las cinco de la tarde.

i Cuidado ! saberとconocer

・conocer：実体験をもとに「知っている」人・場所など

Conozco al padre de Miguel.（人の前にはaが必要） / ¿Conoces Hawái?

・saber：知識として「知っている」やりかた（英：how to）など

Sé de (sobre) Napoleón. / ¿Sabes esquiar? – No. Pero sé patinar.

（2）語幹母音変化動詞

30

-ar, -er, -irの前の母音が変化する（nosotros/vosotros以外）。

querer（欲する）	quiero	quieres	quiere	queremos	queréis	quieren
empezar（始める）	empiezo	empiezas	empieza	empezamos	empezáis	empiezan
entender（理解する）	entiendo	entiendes	entiende	entendemos	entendéis	entienden

＊preferir（～を好む） cerrar（閉める）、pensar（考える）、sentir（感じる）も同様の活用。

poder（できる）	puedo	puedes	puede	podemos	podéis	pueden
volver（戻る）	vuelvo	vuelves	vuelve	volvemos	volvéis	vuelven
dormir（眠る）	duermo	duermes	duerme	dormimos	dormís	duermen
jugar（遊ぶ）	juego	juegas	juega	jugamos	jugáis	juegan

＊encontrar（見つける）、soler（よく～する、～しがちである）なども同様の活用。

No puedo dormir bien. / ¿A qué hora vuelve tu madre a casa?

Duermo siete horas. / Juego al tenis los martes.

pedir（頼む）	pido	pides	pide	**pedimos**	**pedís**	piden
seguir（続ける）	sigo	sigues	sigue	**seguimos**	**seguís**	siguen

¿Qué pides en el restaurante chino? / Seguimos la cola de gente.

（3）一人称およびnosotros/vosotros 以外が語幹が変化

tener（持つ）	tengo	tienes	tiene	**tenemos**	**tenéis**	tienen
venir（来る）	vengo	vienes	viene	**venimos**	**venís**	vienen
decir（言う）	digo	dices	dice	**decimos**	**decís**	dicen

No tengo novio. / Ellos vienen a la fiesta este sábado.

A veces decimos tonterías.

Cuidado 動詞tenerの用法

・個々の状態を表す

Tengo calor (frío, hambre, sed, sueño, dolor de estómago...).

・個々の意見・感情を表す

Tienes razón.　　Tenemos miedo.

・tener queで「〜しなければならない」を表す（英：to have to）

Tengo que aprender español.

（4）その他の不規則動詞

ir（行く）	voy	vas	va	vamos	vais	van
oír（聴く）	oigo	oyes	oye	oímos	oís	oyen

¿Vas al concierto? ― No, no voy. / ¿Oyes algo? ― No, no oigo nada.

Cuidado 動詞irの用法

ir a＋動詞の原形で「〜するつもりだ」(未来形) を表す（英：going to）

Voy a cenar con mi familia más tarde.

El mes que viene vamos a ir a la playa.

Vamos a estudiar juntos esta tarde. (Vamos a＋原形＝英：Let's)

Ejercicios

A. 主語に合わせて動詞を活用しましょう。。

1. ¿(/ hacer, tú) deporte todos los sábados?
2. No (/ salir, yo) de noche porque tengo miedo.
3. Siempre (/ poner, nosotros) los platos en la cocina.

B. saberかconocerを選び、活用して書きましょう。

1. No (/ yo) muy bien África. Quiero viajar por allí.
2. ¿(/ tú) hacer las croquetas?
3. Nuestra hija ( ) a Alberto.
4. No (/ nosotras) cómo se dice "gato" en francés.

C. 文意に合う動詞を下から選び、正しく活用しましょう。複数回使うものもあります。

1. ¿Cuántos años (/tú) ? – ( ) veinte años.
2. ¿Cómo (/ tú) a la universidad? – ( ) a pie. Vivo cerca.
3. Pronto ( ) la clase de Economía. (/ nosotros) que darnos prisa.
4. ¿(/ tú) cerrar la puerta, por favor?
5. Es una chica honesta. Siempre ( ) la verdad.
6. Uds. no ( ) las Matemáticas Básicas. ¡Qué problema!

[empezar, entender, poder, tener, venir, decir]

Lección 7

Me levanto muy temprano.

Diálogos

(En clase)

Jesús: ¿A qué hora te levantas normalmente?

Nieves: A las 5:45.

Jesús: ¡Qué temprano! ¿Te duchas por la mañana?

Nieves: No. Me ducho por la noche.

Jesús: Entonces, ¿por qué te levantas tan temprano?

Nieves: Porque desayuno tranquilamente, me lavo los dientes, me maquillo, me peino, me visto y paseo a mi perro.

Jesús: ¡Cuántas cosas! Yo me levanto tarde, me afeito y salgo de casa muy rápido. Desayuno solo cuando tengo hambre.

(En el médico) 34

Médica: Buenas tardes. ¿Qué le pasa?

Paciente: Siempre estoy cansado.

Médica: ¿A qué hora se acuesta y se levanta normalmente?

Paciente: Me acuesto a la 1:00 y me levanto a las 5:30.

Médica: Duerme muy pocas horas. Por eso está cansado. ¿Puede quitarse la ropa?

Paciente: Sí. ¿Me quito solo la camiseta o el pantalón también?

Médica: Solo la camiseta, por favor.

Expresiones clave

¡Cuántas cosas! Por eso ¿Qué le pasa?

Gramática

1. 再帰動詞

35

再帰代名詞（se）は主語に応じて変化する。

（1）自身「自分自身に～する」（英：oneself）

levantarse（起きる）

yo	me levanto	nosotros	nos levantamos
tú	te levantas	vosotros	os levantáis
él	se levanta	ellos	se levantan

levantarは「起こす」、levantarseは自身が「起きる」。

¿A qué hora se levanta tu madre? / Me acuesto a las doce.
Me pongo la chaqueta. / No me maquillo todos los días.
Los japoneses se quitan los zapatos en la entrada.

（2）相互「お互いに～しあう」

Romeo y Julieta se quieren mucho. / Nos hablamos por móvil.

（3）強調「～してしまう」

irse, comerse, beberseなど特定の動詞に限られる。

¿Ya te vas? — No, no me voy todavía.
Me como toda la paella.
El hombre se bebe la botella.

参考 Duermen los niños en la cama. / Se duermen enseguida.

（4）受身「～されている」

Se vende esta casa. / Se hablan catalán y castellano en Cataluña.

Cuidado 再帰動詞の形しかない動詞

quejarse（文句を言う） Ellos se quejan del resultado del examen.
arrepentirse（後悔する） Él no se arrepiente de nada del pasado.
atreverse（あえて～する） No me atrevo a montar en monopatín.

⚠ Cuidado ⚠

前にほかの動詞がある場合、再帰代名詞seは主語に準じて変化し動詞の原形の後につけることができる。

Tienes que irte ya. / No puedo levantarme temprano.
Vamos a acostarnos porque es muy tarde.

2. 接続詞 que (英：that), cuando (英：when)

Creo **que** va a llover mañana.
Jugamos al fútbol **cuando** hace buen tiempo.

¡Un poco más! ［特定の人物を指す場合の前置詞a］

Buscamos a la camarera amable de siempre. （参考 Buscamos una camarera nueva.）
英語とは異なり、人物にはつくが場所にはつかない。
Conozco al actor.　Conozco Florida.　/　Visito a mi abuela.　Visito el museo.

¡Un poco más! ［前置詞の後の人称代名詞（mí, tiのみ）］

Este regalo es para ti. (mí)
¿Vienes conmigo? — No, no quiero ir contigo. Quiero ir con él porque vive muy cerca.
mí, ti 以外は変わらない。
con ella, con Ud., con nosotros, con vosotros, con ellos, con Uds.など

¡Un poco más! ［数詞 números 101 ~ 1000］

100の単位は後に続く名詞によって性が変化する。
101 **ciento uno/una**　102 **ciento dos** …　200 **doscientos(-as)**　300 **trescientos(-as)**
400 **cuatrocientos(-as)**　500 **quinientos(-as)**　600 **seiscientos(-as)**
700 **setecientos(-as)**　800 **ochocientos(-as)**　900 **novecientos(-as)**　1 000 **mil**
ciento un libros　ciento una personas　ochocientos dólares　quinientas libras
年号の読み方
1995 **mil novecientos noventa y cinco**　2020 **dos mil veinte**

Lección 7

Ejercicios

A. 動詞を正しく活用し、和訳しましょう。

1. ¿A qué hora (/levantarse tú) en vacaciones?
2. Nosotros (/lavarse) las manos antes de almorzar.
3. Mi padre (/afeitarse) todas las mañanas.
4. Hace mucho calor aquí. ¿Por qué no (/quitarse tú) la chaqueta?
5. Al terminar la clase yo (/despedirse) de mis alumnos.
6. Todas las personas (/divertirse) durante el carnaval.
7. Nuestra abuela (/despertarse) muy temprano.
8. Penélope (/maquillarse) bastante bien.
9. Jorge (/peinarse) antes de ir a la escuela.
10. Los participantes de la conferencia (/vestirse) formalmente.
11. Yo (/alegrarse) mucho por esa buena noticia.
12. En verano después de nadar (/ducharse nosotros).

B. aとbの文の意味の違いがわかるように和訳しましょう。

1-a. Nuria lava su coche los fines de semana.
 b. Nuria se lava los dientes después de desayunar.

2-a. David casi nunca levanta la mano en clase.
 b. David casi siempre se levanta tarde los domingos.

3-a. Mi abuelo pone el abrigo en la silla cuando entra en casa.
 b. Mi abuelo se pone un abrigo grueso en invierno.

Lección 8

Mi hermano es más alto que yo.

Diálogos

(En una frutería)

Vendedora: Buenos días. ¿Qué le pongo?

Cliente: Un kilo de naranjas, por favor.

Vendedora: Hay dos tipos de naranjas, valenciana y sevillana.

Cliente: Mmm, ¿cuál es mejor?

Vendedora: Las dos son buenas, pero la sevillana es más grande que la valenciana. Sin embargo, la sevillana es menos dulce que la valenciana.

Cliente: Ah... entonces, la valenciana, por favor. Es todo.

Vendedora: Son 3€, por favor.

(En clase)

38

Alba: Jorge, ¿tienes hermanos?

Jorge: Sí, un hermano menor. ¿Y tú?

Alba: Yo tengo un hermano mayor. Es más alto que yo pero menos inteligente, je, je, je. ¿Y el tuyo?

Jorge: El mío es más bajo que yo y es el más inteligente de mi familia. Él es tan guapo como yo.

Alba: ¿Sí? Mi madre dice que yo no soy tan guapa como mi hermano.

Jorge: ¡No puede ser!

Expresiones clave

¿Qué le pongo? Sin embargo ¿Y el tuyo? ¡No puede ser!

Gramática

1. 比較級

39

（1）más＋形容詞・副詞＋que（英：more ～ than）

El monte Everest es más alto que el monte Fuji.

（2）menos＋形容詞・副詞＋que（英：less ～ than）

Este coche es menos caro que ese.

（3）tan＋形容詞・副詞＋como（英：as ～ as）

Yo soy tan guapo como mi padre.

2. 最上級

40

（1）定冠詞＋（名詞）＋más/menos＋形容詞＋de（英：the most ~）

Yo soy el más alto de mi familia.
El monte Fuji es la montaña más alta de Japón.
Esta casa es la menos cara de este barrio.

（2）副詞の最上級

Julia es la que baila mejor de todas las chicas.

*la que=laの後にchica, bailarinaなどが省略されている。el que, la que, los que, las queで「～する人・物」を表す。

Cuidado 注意すべき比較級・最上級

bueno, bien → mejor　　malo, mal → peor　　mucho → más
poco → menos　　grande → mayor　　pequeño → menor

サイズに関してはmás grande, más pequeño, menos grande, menos pequeñoが好ましい。

Mi hermano es menor que yo. Sin embargo, él es más grande que yo.

3. 絶対最上級 -ísimo, -ísima

性数変化する。「非常に、比類のない、極めて、超」の意。

Esta pregunta es dificilísima (difícil).
Este problema es facilísimo (fácil).
Los karatecas son fortísimos (fuerte).
Muchísimas gracias (≒mil gracias).

近年、super＋形容詞もよく使われる。

El examen es superdifícil.
Mi jefe es superestricto.

4. 所有形容詞（後置形）

mío(-a, -os, -as)	私の	nuestro(-a, -os, -as)	私たちの
tuyo(-a, -os, -as)	君の	vuestro(-a, -os, -as)	君たちの
suyo(-a, -os, -as)	彼の、彼女の あなたの	suyo(-a, -os, -as)	彼らの、彼女らの あなたがたの

（1）名詞の後ろで性数変化する

¡Dios mío! / ¡Madre mía!
Es un problema nuestro y por eso no tienes que preocuparte.
No son asuntos nuestros.

（2）serの補語になる

¿Es tuyo ese coche nuevo?
Todas estas blusas son mías.

（3）定冠詞をつけて所有代名詞「～のもの」になる

Ese es tu boli, porque el mío está aquí.
Mi secretaria es muy eficiente, ¿cómo es la suya? — La mía también.

Ejercicios

A. 下記の単語を用い、(　　　) を埋めて比較級と最上級の文を作りましょう。

1. Brasil es (　　　　) grande (　　　　) Argentina.
2. En agosto hace (　　　　) calor (　　　　) en diciembre en Japón.
3. Ana es (　　　　) guapa (　　　　) su hermana. Las dos son guapísimas.
4. Generalmente una bicicleta es (　　　　) cara (　　　　) una moto.
5. ¿Cuál es el monte (　　　　) alto del mundo? ― Es el Monte Everest.
6. El río Misisipi es (　　　　) largo (　　　　) el río Amazonas.
7. Pedro juega al fútbol (　　　　) (　　　　) yo. Yo no sé jugar bien.
8. La ciudad de São Paulo es (　　　　) (　　　　) grande (　　　　) Sudamérica.
9. Eduardo bebe la cerveza (　　　　) rápido (　　　　) Diego.
   Los dos beben demasiado.
10. Mi abuela tiene 90 años. Es (　　　　) (　　　　) (　　　　) la familia.
    Pero es (　　　　) (　　　　) trabajadora.
11. Febrero es (　　　　) mes (　　　　) corto del año.
12. Matilda es (　　　　) (　　　　) yo. Ella tiene 15 años. Yo tengo 17 años.

[que, de, más, menos, tan, como, el, la, los, las, mejor, mayor, menor]

B. 例にならい (　　) に適切な所有形容詞の表現を入れましょう。

例 : Ellos son primos (míos). 彼らは私のいとこ達です。

1. Vamos a preguntar a un amigo (　　　　). 君の友達にきいてみよう。
2. Quiero saber si estas tabletas son (　　　　).
   これらのタブレットが君たちものかどうか私は知りたい。

例 : Mi novia y (la) (tuya) son muy amigas. 僕の彼女と君の彼女はいい友達だ。

3. Su país y (　　) (　　　　) tienen un tratado comercial.
   彼らの国と我が国はある貿易協定を持っている。
4. Nuestro coche y (　　) (　　　　) son de la misma marca.
   僕達の車と君たちの車は同じ会社のですね。
5. Mis hijos y (　　) (　　　　) pertenecen al mismo equipo.
   私の息子たちと彼女の息子たちは同じチームに属しています。

Lección 9

¿De qué color lo quiere?

Diálogos

43

(En una tienda)

Vendedora: Buenas tardes, ¿puedo ayudarla?

Clienta: Busco un vestido de la talla M.

Vendedora: ¿De qué color lo quiere?

Clienta: Blanco, por favor. ¿Puedo probármelo?

Vendedora: Por supuesto. Allí están los probadores.

Clienta: Ah, espere. Necesito también unas botas verdes.

Vendedora: Lo siento, no las tenemos de ese color.

Clienta: De acuerdo. Las busco en otra tienda. ¡Qué remedio!

(En clase)

Antonio: Berta, ¿tú ves la televisión normalmente?

Berta: No, no la veo.

Antonio: Entonces, ¿qué haces en tu tiempo libre?

Berta: Leo cómics japoneses.

Antonio: ¿Dónde los compras? Es difícil encontrarlos, ¿verdad?

Berta: Sí. Los compro en una tienda especializada.

Antonio: ¿Podemos ir juntos el próximo día?

Berta: Lo siento, prefiero ir sola, pero te doy la dirección.

Antonio: Vale...

Expresiones clave

Por supuesto. (Claro. Cómo no. Desde luego.)

Ah, espere. ¡Qué remedio! Vale.

Gramática

1. 目的格人称代名詞

動詞の前に置く。日本語と同じ語順（Te quiero.）。英語、中国語と異なる（I love you. / 我愛你）。

（1）直接目的格「～を」

一人称	me	私を	nos	私たちを
二人称	te	君を	os	君たちを
三人称	lo	それを（男性名詞単数） 彼を、あなた（男）を	los	それらを（男性名詞複数） 彼らを、あなたがた（男）を
	la	それを（女性名詞単数） 彼女を、あなた（女）を	las	それらを（女性名詞複数） 彼女らを、あなたがた（女）を

¿Comes el pan? — Sí, lo como.
¿Llevas la llave del coche? — Sí, la llevo.
¿Me quieres? — Sí, te quiero mucho.
¿Conoce Ud. a la mujer de Pedro?
— Sí, la conozco desde hace tiempo.
Profesora, la respetamos mucho.

（2）間接目的格「～に」

一人称	me	私に	nos	私たちに
二人称	te	君に	os	君たちに
三人称	le	彼に・彼女に あなたに	les	彼らに・彼女らに あなたがたに

Le envío el mensaje.
Mi padre me da dinero cada semana.
¿Nos prestáis vuestro coche?
- Si, cómo no. Os lo prestamos con mucho gusto.

（3）間接目的格と直接目的格の併用

間接目的格（～に）＋直接目的格（～を）の語順になる。

Te doy dinero. → Te lo doy.

どちらも三人称の場合、間接目的格の le/les は **se** に変化する。

le (les) + lo, la, los, las → se + lo, la, los, las

Le (a Ud.) doy un regalo. → Se lo doy.

le lo, le la …とは言えない。「l」を2回続けられないと覚えておく。

動詞の原形の後に、目的格人称代名詞を続けてもよい。ただし、アクセント符号の位置に注意。

Profesor, ¿va a poner el examen de matemáticas a los estudiantes?
— Sí, se lo voy a poner pasado mañana. または Sí, voy a ponérselo pasado mañana.

2. 場所を表す表現

aquí ここ	ahí そこ	allí あそこ
izquierda 左	derecha 右	
en ～に、～の上に（英：in, on）	entre ~ y ~ ～と～の間に	
enfrente de ～の正面に	delante de ～の前に	detrás de ～の後ろに
adelante 前に	atrás 後ろに	
encima de/sobre ～の上に	debajo de ～の下に	
arriba 上方に	abajo 下方に	
al lado de ～の横に、～の隣に	dentro de ～の中に	
en el centro de ～の中央に		
cerca de ～の近くに	lejos de ～から離れて、遠くに	

Ejercicios

A. 例にならって、直接目的格と動詞を使って答えましょう。

例：¿Comes pan? — Sí, __lo__ (como)

1. ¿Conoces a Isabel y Anita? — Sí,_________ (   ).
2. ¿Sabes el número de móvil de Mauro? — No, no_______ (   ).
3. ¿Compra esa falda María? — Creo que sí _________ (   ).

B. 例にならって、間接目的格と動詞を使って答えましょう。

例：¿Les dices la verdad a tus padres? - No, no les (digo) nada.

1. ¿Me puedes escribir el mensaje esta noche? — Sí, _________ (   ) escribir sobre las diez.
2. ¿Me dice Ud. la fecha del examen? — Sí, _________ (   ) a Ud. la fecha ahora mismo.
3. ¿Os mando la invitación ahora? — No, _________ (   ) la invitación más tarde.

C. 例にならって、直接および間接目的格と動詞を使って答えましょう。

例：¿Me traes el lápiz? — Sí, te lo (traigo).

1. ¿Le das regalos a tu sobrino pequeño?
   — Sí, siempre _________ _________ (   ).
2. ¿Le regalas el ordenador a tu hijo?
   — No, no _________ _________ (   ).
3. ¿Les presta dinero a sus amigos Pedro?
   — Pues, depende. Normalmente _________ _________ (   ).
4. ¿Me dejas tu bicicleta? — Sí, claro. _________ _________ (   ) siempre.

Lección 10

No me gustan los helados.

Diálogos

(En clase)

Laura: Mario, ¿qué chica de la clase te gusta?

Mario: ¡¿Eh?! No me gusta ninguna. ¿Y a ti?
¿Te gusta algún chico?

Laura: Sí, pero es un secreto.

Mario: Mmm, si me lo dices, te compro un helado.

Laura: No me gustan nada los helados.

Mario: ¿De verdad? ¿Qué te gusta?

Laura: Me gustas tú.

Mario: ¡Guau, te gusto!

(En la universidad)

Alba: Oye, ¿qué está haciendo Claudio?

Héctor: Mmm, creo que está haciendo los deberes.

Alba: ¿De verdad? Vamos a preguntarle.

Héctor: Vale.

Alba: Claudio, ¿qué estás haciendo?

Claudio: Estoy leyendo un cómic, ¿y vosotros?

Alba: Nosotros estamos hablando contigo.

Claudio: Claro. Es evidente....

Expresiones clave

si ~, Oye. Es evidente.

Gramática

1. 動詞gustar

（1）「～が○○の気に入る」→「○○は～が好きだ」を表す

me te le nos os les	+	gustar	+ 主語

¿Te **gusta** la paella? − Sí, me **gusta** mucho.　/ Me **gustan** las fresas.
¿Te **gusto**? - Sí, me **gustas** tú.
¿Qué música le **gusta** (a Ud.)? − Me **gusta** la música clásica.
A Daniel le **gusta** jugar a los videojuegos.
A los jóvenes les **gusta** bailar y cantar.
*主語が動詞の場合、複数でもgustarは単数。

（2）gustarと同様の性質の動詞

間接目的格を伴い、主語が後ろにくることが多い。

(doler) ¿Qué te pasa? - Me duele la cabeza.
Me duelen los dientes.
(parecer) Me parece interesante la película.
(interesar) A los chicos les interesan los deportes.
Me interesa esa cantante.
(encantar) Me encanta ver flamenco.
(quedar) La camiseta me queda bien.
(参考 Me quedo con esta camiseta.)

2. 現在分詞（英：～ing）

（1）現在進行形

スペイン語のbe動詞にあたるestar＋現在分詞で表す。

hablar → hablando　　comer → comiendo　　vivir → viviendo

⚠ Cuidado ⚠

leer → leyendo　　ir → yendo　　oír → oyendo

dormir → durmiendo　　decir → diciendo

Estoy hablando por teléfono ahora.

（2）その他の現在分詞の使い方

51

Isabel sigue estudiando japonés. ＊seguirの後は必ず現在分詞。
La banda va tocando música.
Ellos siempre cenan viendo la tele.

3. 不定語・否定語

algo 何か（英：something）　⇔　**nada** 何も（英：nothing）

¿Hay algo en el buzón? − No, no hay nada.

alguien 誰か（英：somebody）⇔ **nadie** 誰も（英：nobody）

¿Hay alguien en la oficina? − No, no hay nadie.

alguno（性変化のみninguna）誰か、いくつかの（英：some）

⇔ **ninguno**（性変化のみninguna）ひとりも〜でない、ひとつも〜ない

¿Alguno de Uds. sabe hablar coreano?
− No, ninguno de nosotros lo hablamos.
¿Viene alguna maestra como sustituta? - No, no viene ninguna.
Algunos de Uds. pueden ayudar al líder.
Algunas personas fuman bastante cuando beben.

・男性単数名詞の前につく場合 **algún** ⇔ **ningún**

Necesitamos algún hombre para este baile clásico.
Ningún miembro quiere participar en ese campeonato.

Ejercicios

A. (　) 内の動詞を用いてスペイン語に訳しましょう。

1. 君はパエリアが好きですか? — ええ、大好きです。(gustar)

2. あなたは頭が痛いのですか? — いいえ、両目が痛いのです。(doler)

3. 君にはそのアイデイアをどう思う? — いいと思うよ。(parecer)

B. [　] 内の動詞を使って「estar＋現在分詞」で現在進行形の文を作りましょう。

1. Mi esposo (　　　　)(　　　　) las gafas. [buscar]
2. Nuestro vecino (　　　　)(　　　　) el violín en el balcón. [tocar]
3. ¿Vosotros (　　　　)(　　　　) la fiesta de disfraces? [preparar]
4. En Londres (　　　　)(　　　　) mucho. [llover]

C. 適切な語を下記より選びましょう。(語は一回ずつしか選べません)

1. ¿Hay (　　　　) para comer ahora en la nevera? — No, no hay (　　　　).
2. ¿Me recomiendas (　　　　) película interesante?
3. No hay (　　　　) en la fiesta porque es temprano todavía.
4. Queremos ver (　　　　) álbum de la tía. ¿No hay (　　　　)?
5. (　　　　) muchacha de este grupo sabe ponerse sola el kimono.

[algún, alguno, alguna, nadie, algo, nada, ninguna]

Lección 11

¿Habéis hecho los deberes? – Sí, los hemos hecho.

Diálogos

(En un centro comercial en Los Ángeles, EE.UU.)

Kenta: ¡Hola, Ana! ¡Cuánto tiempo sin verte!

Ana: Sí, el tiempo pasa volando. Hace muchos años que no nos vemos. Oye, ¿alguna vez has viajado a España?

Kenta: Sí, he viajado una vez con mi familia. ¿Y tú?

Ana: No, pero he estado en un país de Latinoamérica. En Guinea Ecuatorial.

Kenta: Ana, allí se habla español pero no está en Latinoamérica, está en África...

Ana: ¡Uy! ¡Qué vergüenza!

(En la universidad)

Sara: José, José, ¿has hecho los deberes?

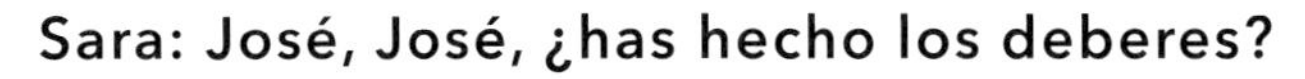

José: No, todavía no. ¿Y tú?

Sara: Yo tampoco. ¿Qué hacemos?

José: Vamos a preguntarles a Nuria y a Miguel. Ellos son buenos estudiantes.

Sara: Hola, ¿habéis hecho los deberes?

Miguel: Sí, los hemos hecho, pero ha venido mi perro y se los ha comido.

Sara: ¿De verdad? ¡¡No me lo creo!!

Expresiones clave

¡Cuánto tiempo sin verte!	El tiempo pasa volando.
¡Qué vergüenza!	¡¡No me lo creo!!

Gramática

1. 過去分詞

規則形	hablar → hablado	comer → comido	vivir → vivido
不規則形	abrir → abierto	escribir → escrito	morir → muerto
	volver → vuelto	poner → puesto	ver → visto
	romper → roto	decir → dicho	hacer → hecho

形容詞としての過去分詞は性数変化する。

la ropa usada　　los coches usados
la semana pasada　　el mes pasado

参考　過去分詞を使った早口言葉（trabalenguas）

Del dicho al hecho hay mucho trecho.

言うは易し行うは難し（英：Easier said than done.）

2. 現在完了形

英語のように完了、継続、経験などを表す。「haber＋過去分詞」の形で、語尾は性数変化なし。

he has ha hemos habéis han	+	hablado comido vivido

（1）完了

¿Habéis terminado el examen?
- No, todavía no lo hemos terminado.

（2）継続

Esta noche hemos bebido demasiado.
Este mes ha llovido mucho.
Mi madre siempre me ha ayudado en muchas cosas.

（3）経験

¿Ha estado (Ud.) alguna vez en Singapur?
— No, no he estado nunca en Asia. (=Nunca he estado en Asia.)
¿Has visto a Juan últimamente? — No, no lo he visto.

⚠ Cuidado ⚠

スペイン語の現在完了では、「haber＋過去分詞」は離すことができない。ほかの語（ya, todavía, alguna vez, nuncaなど）は間に入れないこと。英語と異なる！

○ He comido ya. または Ya he comido.
× He ya comido. (英：I have already eaten.)

¡Un poco más! ［方位 puntos cardinales］

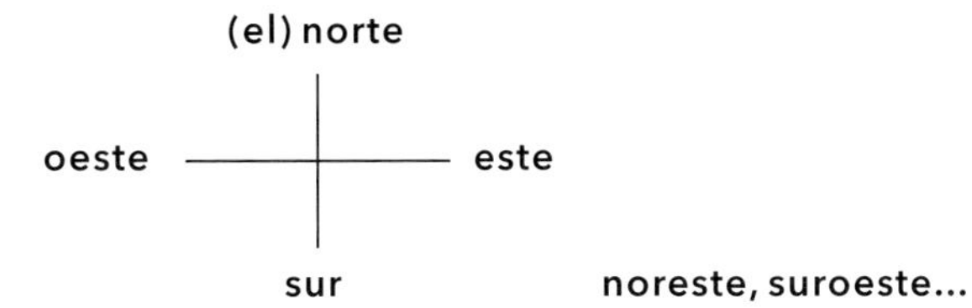

noreste, suroeste...

Chihuahua está en el norte de México. / Portugal está al oeste de España.

¡Un poco más! ［数詞 números 1001 ～］

1 001 **mil uno/una** 2 000 **dos mil** 3 000 **tres mil**
10 000 **diez mil 1万** 100 000 **cien mil 10万**
1 000 000 **un millón 100万** 2 000 000 **dos millones 200万**
10 000 000 **diez millones 1000万** 100 000 000 **cien millones 1億**
1 000 000 000 **mil millones 10億（地域によってはun billón）**
1 000 000 000 000 **un billón 1兆（地域によってはun trillón）**

Ejercicios

A. 形容詞としての過去分詞にしましょう。

1. un vino (　　　　/hacer) en Chile
2. las ventanas (　　　　/cerrar)
3. una planta (　　　　/morir)
4. el aire acondicionado (　　　　/romper)

B. 現在完了形にしましょう。

1. ¿(　　　　) (　　　　) alguna vez música caribeña? [escuchar, tú]
2. Nunca (　　　　) (　　　　) al monte Teide. [subir, nosotros]
3. Todavía no (　　　　) (　　　　) esa película. [ver, yo]
   — Me (　　　　) (　　　　) que es estupenda. [decir, ellos]
4. ¿(　　　　) (　　　　) algún poema español en clase alguna vez? [leer, vosotros]
5. El futbolista (　　　　) (　　　　) a Mallorca a jugar el partido. [ir]
6. Me (　　　　) (　　　　) mucho los helados. [gustar]

C. 最もふさわしい動詞を下から一つずつ選び、現在完了の文を作りましょう。

1. ¿Ya (　　　　) (　　　　) el autobús a la parada?
2. ¿Este año (　　　　) (　　　　) a vuestro país? [vosotros]
3. ¿(　　　　) (　　　　) al tenis con Jaime esta semana? [tú]
4. Todavía no (　　　　) (　　　　) el móvil. ¿Dónde está? [yo]
5. Yo nunca (　　　　) (　　　　) esos mensajes sospechosos.

[jugar, encontrar, volver, abrir, llegar]

Lección 12

¿Qué comiste? – Comí paella.

Diálogos

57

(En una fiesta en Texas, EE.UU.)

Elsa: Bruno, ¿el año pasado viajaste a algún sitio?

Bruno: Sí, visité Barcelona, España.

Elsa: ¡Qué envidia! ¿Qué comiste y qué bebiste?

Bruno: Comí paella, gambas al ajillo, tapas...
y bebí sangría, horchata, vino tinto...

Elsa: ¿Qué lugar turístico te gustó más?

Bruno: ¡La Sagrada Familia!

Elsa: ¿Viste algún partido de fútbol?

Bruno: ¡Sí, vi el Clásico!

Elsa: ¡Qué suerte! ¿Tienes alguna anécdota más del viaje?

Bruno: Sí, me robaron la cartera el primer día del viaje.

(En la oficina)

Pedro: Tengo mucho sueño. Quiero dormir.

Teresa: ¿Y eso? ¿Ayer saliste tarde del trabajo?

Pedro: Sí, salí tarde y, después, el jefe me invitó a cenar.

Teresa: ¡Ah, claro! ¿Bebisteis alcohol?

Pedro: Yo no bebí porque soy alérgico pero mi jefe sí bebió.

Teresa: Entiendo. ¡Ánimo!

Expresiones clave

¡Qué envidia! ¡Qué suerte!

¿Y eso? Sí bebió. ¡Ánimo!

Gramática

1. 点過去（規則動詞）

過去における完結した出来事を表す。

規則動詞の活用

	hablar	comer	vivir
yo	hablé	comí	viví
tú	hablaste	comiste	viviste
él, ella, Ud.	habló	comió	vivió
nosotros	hablamos	comimos	vivimos
vosotros	hablasteis	comisteis	vivisteis
ellos, ellas, Uds.	hablaron	comieron	vivieron

buscar → busqué, buscaste...

llegar → llegué, llegaste...

leer → leí, leíste, leyó, leímos, leísteis, leyeron

¿Hablaste con Pepe?

— No, no hablé con él. No tengo tiempo estos días.

El niño comió bastante.

Vivimos quince años en Valencia.

Cuando llegué a clase, sonó el timbre.

2. 感嘆文②

・「¡Cuánto ～！ ¡Cuánta ～！」で数えられない名詞についての驚きの表現となる。

¡Cuánto tiempo sin verte! ¡Cuánta gente!

・「¡Cuántos ～！ ¡Cuántas ～！」で数えられる名詞についての驚きの表現となる。

¡Cuántos libros! ¡Cuántas cosas!

¡Un poco más! [時・時間帯を表す表現② marcadores de tiempo]

al mismo tiempo, a la vez 同時に（英：at the same time）
mientras ～している間に（英：while, in the meantime）
dentro de ～後に、～たったら；～のうちに（英：within）
durante ～の間（ずっと）（英：during）
Me caso dentro de tres años.
Te llamo dentro de unos minutos.

¡Un poco más! [序数 números ordinales]

「～番目の」を意味し、性数変化する。

1	primero(-a)	primeros(-as)	*男性単数名詞の前ではprimer：primer año
2	segundo(-a)	segundos(-as)	
3	tercero(-a)	terceros(-as)	*男性単数名詞の前ではtercer：tercer día
4	cuarto(-a)	cuartos(-as)	
5	quinto(-a)	quintos(-as)	
6	sexto(-a)	sextos(-as)	
7	séptimo(-a)	séptimos(-as)	
8	octavo(-a)	octavos(-as)	
9	noveno(-a)	novenos(-as)	
10	décimo(-a)	décimos(-as)	

Ejercicios

A. 現在形から点過去形にしましょう（形が変化しない動詞もあります）。

1. ayudan → ______________________
2. viajamos → ______________________
3. aprende → ______________________
4. trabajas → ______________________
5. canto → ______________________
6. escribís → ______________________
7. pago → ______________________
8. lee → ______________________
9. me levanto → ______________________

B. 点過去形にしましょう。

1. Ayer le (/escribir, yo) un email a mi jefe.
2. ¿A qué hora (/regresar, tú) a casa anoche?
   —(/llegar, yo) a las once.
3. ¿Cuántas horas (/esperar, vosotros) por el retraso del avión?
   —(/esperar, nosotros) más de tres horas.
4. Jorge (/terminar) de leer la novela que le (/prestar, yo). Le (/gustar) mucho.
5. Anoche los empleados (/beber) hasta muy tarde.

C. Cuánto, Cuánta, Cuántos, Cuántasを用い感嘆文を完成させましょう。

1. ¡( ) frío hace hoy!
2. ¡( ) café bebes!
3. ¡( ) flores compras!
4. ¡( ) coches tienen!
5. ¡( ) problemas!
6. ¡( ) emoción!

Lección 13

¿Dónde estuvo ayer?

Diálogos

(En una comisaría de policía)

Lola: Buenos días. Ayer perdí mi teléfono móvil.

Policía: De acuerdo. ¿Dónde estuvo ayer?

Lola: Por la mañana fui de compras cerca de mi casa
y por la noche al cine.

Policía: ¿Hizo algo más?

Lola: No, no hice nada más.

Policía: ¿Subió al tren o al metro?

Lola: Sí, subí al metro de la línea 3.

Policía: ¿Volvió también en metro?

Lola: No, volví en taxi porque era muy tarde.

Policía: Ya veo. ¿Cómo es su móvil?

Lola: Es un móvil último modelo, rojo...

(En clase)

Marta: Nico, ¿fuiste al parque de atracciones el domingo?

Nicolás: No, estuve en casa todo el día. ¿Y tú?

Marta: Sí, yo fui con una amiga pero ella no pudo disfrutarlo.
Porque se durmió en todas las atracciones...

Nicolás: ¡No me digas! ¿No le dijiste nada?

Marta: No, no le dije nada. No tuve valor...

Expresiones clave

Ya veo. ¡No me digas! No tuve valor...

Gramática

1. 点過去（不規則動詞）

（1）不規則動詞の活用

tener	tuve	tuviste	tuvo	tuvimos	tuvisteis	tuvieron
estar	estuve	estuviste	estuvo	estuvimos	estuvisteis	estuvieron
poder	pude	pudiste	pudo	pudimos	pudisteis	pudieron
poner	puse	pusiste	puso	pusimos	pusisteis	pusieron
saber	supe	supiste	supo	supimos	supisteis	supieron
venir	vine	viniste	vino	vinimos	vinisteis	vinieron
hacer	hice	hiciste	hizo	hicimos	hicisteis	hicieron
querer	quise	quisiste	quiso	quisimos	quisisteis	quisieron

La semana pasada estuvimos en el Parque de El Retiro.

Hicimos pulpo a la gallega ayer. Nos gustó bastante.

Aquel día hizo buen tiempo.

Anoche hubo un terremoto fuerte y no pudimos dormir. (huboはhayの点過去)

Luis vino a la reunión del lunes y supo la noticia por primera vez.

Quise llamarte antes pero no pude. No tuve tiempo.

（2）その他特殊なもの

アクセント符号がないことにも留意。

decir	dije	dijiste	dijo	dijimos	dijisteis	dijeron
traer	traje	trajiste	trajo	trajimos	trajisteis	trajeron
dar	di	diste	dio	dimos	disteis	dieron
ser/ir （英：was, were / went）	fui	fuiste	fue	fuimos	fuisteis	fueron

¿Qué le diste a tu madre el Día de la Madre?

No me di cuenta. (darse cuenta 気がつく)

Estuvimos un mes en Nueva York pero nunca fuimos a la Quinta Avenida.

Dalí fue un gran pintor del siglo XX.

（3）語幹が母音変化するもの

pedir	pedí	pediste	pidió	pedimos	pedisteis	pidieron
dormir	dormí	dormiste	durmió	dormimos	dormisteis	durmieron
morir	morí	moriste	murió	morimos	moristeis	murieron

Le pedí a mi amigo un favor. (pedir un favor 頼みごとをする)

Dormimos en el tren.

Ese actor murió el año pasado.

¡Un poco más! ［時の経過を表す hacer］

Tomo clases de piano desde hace cinco años. (英：since)

Hace dos semanas que está nevando en Chicago. (英：for)

Nos conocimos hace diez años. Somos muy amigos. (英：ago)

¡Un poco más! ［縮小辞・増大辞］

（1）縮小辞

-ito(-ita), -illo(-illa), -uelo(-uela)を伴い、「小さい・若い」を表す。

名詞	gato	→	gatito	casa	→	casita
	curso	→	cursillo	ventana	→	ventanilla
	paño	→	pañuelo	Venecia	→	Venezuela
形容詞	gordo	→	gordito	baja	→	bajita

（2）増大辞

-ón(-ona), -ote(-ota), -azo(-aza)を伴い、単により大きいだけでなく異なる意味あいがある。

silla 椅子 → sillón 一人掛けのソファ

señora 夫人 → señorona 一人前の婦人

muchacho 男子 → muchachote とてつもなく大きい男子

boca 口 → bocaza 大きな口、軽口

Lección 13

Ejercicios

A. スペイン語で答えましょう。

1. ¿A dónde fuiste la semana pasada?

2. No pudiste terminar la tarea, ¿verdad? ¿Por qué?

3. ¿Supieron resolver los arqueólogos el misterio de las líneas de Nazca?

4. ¿Tuvisteis que cuidar a su mascota?

5. ¿Qué les trajo a los niños Papá Noel por Navidad?

B. 点過去形にして和訳しましょう。

1. Ayer yo no (　　　　　/hacer) ningún deporte.
2. Max (　　　　　/pedir) carne y ensalada en el restaurante.
3. Nadie (　　　　　/venir) temprano a la boda.
4. Miguel de Cervantes, William Shakespeare e Ieyasu Tokugawa (　　　　　/morir) en 1616. ¡Qué casualidad!

C. 下から一つずつ動詞を選び、点過去形にしましょう。

1. ¿Cuántos invitados (　　　　　) a nuestro banquete?
2. ¿A dónde (　　　　　/tú) en tren durante las vacaciones de primavera?
3. Yo no (　　　　　) dormir bien la semana pasada por el calor.
4. El niño (　　　　　) enfermo todo el día de ayer. Pobrecito.
5. ¿Qué os (　　　　　) los profesores sobre el próximo examen?

[ir, venir, estar, decir, poder]

Lección 14

Cuando era pequeña no había internet.

Diálogos

(En clase)

Isamu: María, tú naciste en Galicia, ¿verdad?

María: No, yo nací en Barcelona pero mis abuelos sí eran gallegos.

Isamu: Ah, ya veo.

María: Cuando era pequeña visitaba a mis abuelos todos los veranos.

Isamu: ¿Qué hacías allí?

María: Jugaba con mis primos al escondite, veía la tele...

Isamu: ¿No veías series o películas por internet?

María: No, cuando yo era niña no había internet en casa.

Isamu: Ah... tienes razón.

(En la universidad)

Andrés: Oye, Bárbara, ¿el sábado pasado fuiste a Yokohama?

Bárbara: No, como hacía mal tiempo, me quedé en casa estudiando.

Andrés: ¿Estás segura? Estuve allí y vi a una persona muy parecida a ti con ese mismo vestido.

Bárbara: ¡Ah! ¡Era mi hermana gemela! Tenía cosas que hacer allí.

Andrés: ¡Oh! ¿Tienes una hermana gemela?

Bárbara: Sí, se llama Yolanda. Si quieres, te la presento otro día.

Andrés: Sí, quiero conocerla.

Expresiones clave

¿Estás segura?　　Si quieres ~,

Gramática

1. 線過去

過去における継続性などを表す。(≒英：was / were ~ing, used to ~)

(1) 規則動詞

	hablar	comer	vivir
yo	hablaba	comía	vivía
tú	hablabas	comías	vivías
él, ella, Ud.	hablaba	comía	vivía
nosotros	hablábamos	comíamos	vivíamos
vosotros	hablabais	comíais	vivíais
ellos, ellas, Uds.	hablaban	comían	vivían

Me choqué porque caminaba mirando el móvil.

Cuando esperábamos el autobús, comenzó a llover.

De jóvenes, jugábamos al tenis.

Entonces yo vivía en París. (参考 Viví en París y en Londres.)

(2) 不規則動詞は3つのみ

	ser	ir	ver
yo	era	iba	veía
tú	eras	ibas	veías
él, ella, Ud.	era	iba	veía
nosotros	éramos	íbamos	veíamos
vosotros	erais	ibais	veíais
ellos, ellas, Uds.	eran	iban	veían

Antes siempre íbamos al cine. (参考 El sábado pasado fuimos al cine.)

Cuando era pequeña, según mi madre, yo era traviesa.

¿Qué hora era cuando llegó el paquete?

— Eran las cinco de la tarde.

De niño veía muchas películas infantiles de Japón.

2. 直接話法から間接話法へ

Ximena dice: "Estoy ocupada."

→ Ximena dice que está ocupada.

主節が過去になると従属節は線過去になり、時制の一致をする。

Ximena dijo: "Estoy ocupada."

→ Ximena dijo que estaba ocupada.

Ximena decía a menudo: " Estoy ocupada."

→ Ximena decía a menudo que estaba ocupada.

3. cualquier/cualquiera (どれでも、だれでも) (英：any)

名詞の前ではその性数に関係なくcualquierとなる。

¿Dónde pongo la maleta? — En cualquier sitio.

¿Dónde me siento? — En cualquier lugar.

¿A quién enseño mi identificación? — A cualquier persona de la oficina.

Cualquiera de las chicas puede bailar en el escenario.

参考 dondequiera (どこでも)、quienquiera (だれでも)

Ejercicios

A. 線過去形にしましょう。

1. Cuando yo (　　　　　　/ser) niña, (　　　　　　/ver) muchas películas de Disney.
2. Antes mi abuelo (　　　　　　/soler) ir de paseo hasta muy lejos con mi abuela.
3. De niños, vosotros (　　　　　　/dormir) como un tronco.
4. Cuando nosotros (　　　　　　/ser) pequeños, (　　　　　　/ir) al zoo a menudo.
5. Cuando nació mi hermana menor mi madre (　　　　　　/tener) 30 años.
6. Yo (　　　　　　/querer) ir a la playa el otro día en vez de la montaña.

B. 点過去形か線過去形か選んで和訳しましょう。

1. Antes (fumamos/fumábamos) mucho, pero ahora no.
2. Cuando la conocí, ella ya (estuvo/estaba) casada.
3. ¿En qué año (naciste/nacías) tú?
4. Cuando sonó la campana, (fueron/eran) las seis de la tarde.

C. 間接話法に変えましょう。

1. Ernesto dice: "Tengo mucha esperanza."
   →
2. Todo el mundo dice: "Hay que luchar contra el cambio climático."
   →
3. Gabi dijo: "Pongo el paraguas en la entrada."
   →

基本動詞活用表

規則動詞				肯定命令
不定詞 現在分詞 過去分詞	直説法			tú Ud. vosotros(as) Uds.
	現在	点過去	線過去	
ar動詞 **hablar** 話す hablando hablado	hablo hablas habla hablamos habláis hablan	hablé hablaste habló hablamos hablasteis hablaron	hablaba hablabas hablaba hablábamos hablabais hablaban	 Habla Hable Hablad Hablen
er動詞 **comer** 食べる comiendo comido	como comes come comemos coméis comen	comí comiste comió comimos comisteis comieron	comía comías comía comíamos comíais comían	 Come Coma Comed Coman
ir動詞 **vivir** 生きる viviendo vivido	vivo vives vive vivimos vivís viven	viví viviste vivió vivimos vivisteis vivieron	vivía vivías vivía vivíamos vivíais vivían	 Vive Viva Vivid Vivan

不規則動詞				肯定命令
不定詞 現在分詞 過去分詞	直説法			tú Ud. vosotros(as) Uds.
	現在	点過去	線過去	
conocer 知る conociendo conocido	conozco conoces conoce conocemos conocéis conocen	conocí conociste conoció conocimos conocisteis conocieron	conocía conocías conocía conocíamos conocíais conocían	 Conoce Conozca Conoced Conozcan
dar 与える dando dado	doy das da damos dais dan	di diste dio dimos disteis dieron	daba dabas daba dábamos dabais daban	 Da Dé Dad Den

decir	digo	dije	decía	
言う	dices	dijiste	decías	Di
	dice	dijo	decía	Diga
	decimos	dijimos	decíamos	
diciendo	decís	dijisteis	decíais	Decid
dicho	dicen	dijeron	decían	Digan
dormir	duermo	dormí	dormía	
眠る	duermes	dormiste	dormías	Duerme
	duerme	durmió	dormía	Duerma
	dormimos	dormimos	dormíamos	
durmiendo	dormís	dormisteis	dormíais	Dormid
dormido	duermen	durmieron	dormían	Duerman
estar	estoy	estuve	estaba	
～である，～にいる	estás	estuviste	estabas	Está
	está	estuvo	estaba	Esté
	estamos	estuvimos	estábamos	
estando	estáis	estuvisteis	estabais	Estad
estado	están	estuvieron	estaban	Esten
haber	he	hube	había	
～がある	has	hubiste	habías	He
	ha, (hay)	hubo	había	Haya
	hemos	hubimos	habíamos	
habiendo	habéis	hubisteis	habíais	Habed
habido	han	hubieron	habían	Hayan
hacer	hago	hice	hacía	
する，作る	haces	hiciste	hacías	Haz
	hace	hizo	hacía	Haga
	hacemos	hicimos	hacíamos	
haciendo	hacéis	hicisteis	hacíais	Haced
hecho	hacen	hicieron	hacían	Hagan
ir	voy	fui	iba	
行く	vas	fuiste	ibas	Ve
	va	fue	iba	Vaya
	vamos	fuimos	íbamos	
yendo	vais	fuisteis	ibais	Id
ido	van	fueron	iban	Vayan
jugar	juego	jugué	jugaba	
遊ぶ	juegas	jugaste	jugabas	Juega
	juega	jugó	jugaba	Juegue
	jugamos	jugamos	jugábamos	
jugando	jugáis	jugasteis	jugabais	Jugad
jugado	juegan	jugaron	jugaban	Jueguen

oír	oigo	oí	oía	
聞く	oyes	oíste	oías	Oye
	oye	oyó	oía	Oiga
	oímos	oímos	oíamos	
oyendo	oís	oísteis	oíais	Oíd
oído	oyen	oyeron	oían	Oigan
pedir	pido	pedí	pedía	
頼む	pides	pediste	pedías	Pide
	pide	pidió	pedía	Pida
	pedimos	pedimos	pedíamos	
pidiendo	pedís	pedisteis	pedíais	Pedid
pedido	piden	pidieron	pedían	Pidan
poder	puedo	pude	podía	
～できる	puedes	pudiste	podías	Puede
	puede	pudo	podía	Pueda
	podemos	pudimos	podíamos	
pudiendo	podéis	pudisteis	podíais	Poded
podido	pueden	pudieron	podían	Puedan
poner	pongo	puse	ponía	
置く	pones	pusiste	ponías	Pon
	pone	puso	ponía	Ponga
	ponemos	pusimos	poníamos	
poniendo	ponéis	pusisteis	poníais	Poned
puesto	ponen	pusieron	ponían	Pongan
querer	quiero	quise	quería	
欲する，～したい	quieres	quisiste	querías	Quiere
	quiere	quiso	quería	Quiera
	queremos	quisimos	queríamos	
queriendo	queréis	quisisteis	queríais	Quered
querido	quieren	quisieron	querían	Quieran
saber	sé	supe	sabía	
知る	sabes	supiste	sabías	Sabe
	sabe	supo	sabía	Sepa
	sabemos	supimos	sabíamos	
sabiendo	sabéis	supisteis	sabíais	Sabed
sabido	saben	supieron	sabían	Sepan
salir	salgo	salí	salía	
出る	sales	saliste	salías	Sal
	sale	salió	salía	Salga
	salimos	salimos	salíamos	
saliendo	salís	salisteis	salíais	Salid
salido	salen	salieron	salían	Salgan

sentir	siento	sentí	sentía	
感じる，残念に思う	sientes	sentíste	sentías	Siente
	siente	sintió	sentía	Sienta
	sentimos	sentimos	sentíamos	
sintiendo	sentís	sentisteis	sentíais	Sentid
sentido	sienten	sintieron	sentían	Sientan
ser	soy	fui	era	
～である	eres	fuiste	eras	Sé
	es	fue	era	Sea
	somos	fuimos	éramos	
siendo	sois	fuisteis	erais	Sed
sido	son	fueron	eran	Sean
tener	tengo	tuve	tenía	
持つ	tienes	tuviste	tenías	Ten
	tiene	tuvo	tenía	Tenga
	tenemos	tuvimos	teníamos	
teniendo	tenéis	tuvisteis	teníais	Tened
tenido	tienen	tuvieron	tenían	Tengan
traer	traigo	traje	traía	
持ってくる	traes	trajiste	traías	Trae
	trae	trajo	traía	Traiga
	traemos	trajimos	traíamos	
trayendo	traéis	trajisteis	traíais	Traed
traído	traen	trajeron	traían	Traigan
venir	vengo	vine	venía	
来る	vienes	viniste	venías	Ven
	viene	vino	venía	Venga
	venimos	vinimos	veníamos	
viniendo	venís	vinisteis	veníais	Venid
venido	vienen	vinieron	venían	Vengan
ver	veo	vi	veía	
見る	ves	viste	veías	Ve
	ve	vio	veía	Vea
	vemos	vimos	veíamos	
viendo	veis	visteis	veíais	Ved
visto	ven	vieron	veían	Vean

■著者プロフィール

柏木典子
(Noriko Kashiwagi Oki)
上智大学外国語学部イスパニア語学科卒業、同大学院を経てシカゴ・ロヨラ大学大学院修士課程修了。外国語教授法専攻。現在、上智大学ほかにてスペイン語講師。英語・スペイン語通訳。

マリア・ニエベス・ロドリゲス・ベニト
(María Nieves Rodríguez Benito)
バルセロナ出身。バルセロナ大学教員養成学部にて第二言語としてのスペイン語教育法修士課程修了。現在、順天堂大学、明治大学ほかにてスペイン語講師。NHKラジオ「まいにちスペイン語」(2022年) 出演。

エッセンシャル　初級スペイン語

2023年2月20日　第1版発行

著　者　柏木典子、María Nieves Rodríguez Benito
発行者　前田俊秀
発行所　株式会社 三修社
〒150-0001　東京都渋谷区神宮前2-2-22
TEL 03-3405-4511　FAX 03-3405-4522
https://www.sanshusha.co.jp
振替 00190-9-72758
編集担当　伊吹和真
印刷所　倉敷印刷株式会社

ISBN978-4-384-42022-7 C1087

ブックデザイン：キガミッツ（森田恭行＋高木瑶子）
イラスト：ながらりょうこ

準拠CD制作：株式会社メディアスタイリスト
吹込み：María Nieves Rodríguez Benito,
Federico Pérez Garrido, Arturo Vega González

教科書準拠CD発売
本書の準拠CDをご希望の方は弊社までお問い合わせください。